ここは、交番です。

JN132048

交番に、おまわりさんがいます。
良さんです。

良^{りょう}さんは、毎日^{まいにち}、町^{まち}へ行^いきます。

7

ありがとうござい……

＜監修者紹介＞

NPO 多言語多読

「多言語多読」は、外国語を身につけたい人や、それを支援する人たちに「多読」を提案し、応援する NPO です。
2002 年、日本語学習者のための「読みもの」を作ることを目的に、日本語教師が集まって日本語多読研究会を作りました。2006 年に NPO 法人化。2012 年に「NPO 多言語多読」と名称を変更し、多読の普及、実践、研究、日本語の「レベル別読みもの」の開発をしています。
https://tadoku.org/

レベル別日本語多読ライブラリー（にほんご よむよむ文庫）
［スタート］
西町交番の良さん「あぶない！」

2022 年 5 月 25 日　初版 第 1 刷 発行

作：遠藤 和彦（多言語多読会員・日本語教師）
作画：岡田 亜子
監修：NPO 多言語多読

ナレーション：谷口 恵美／遠近 孝一
デザイン・DTP：有限会社トライアングル

発行人：天谷 修身
発　行：株式会社アスク
　　　　〒 162-8558 東京都新宿区下宮比町 2-6
　　　　TEL.03-3267-6864 FAX.03-3267-6867
　　　　https://www.ask-books.com/
　　　　https://www.ask-books.com/jp/tadoku/（『にほんご よむよむ文庫』公式サイト）

印刷・製本：株式会社光邦